Lieder eines sattvischen Engels

Songs from a Satvic Angel

Angelos Ashes

Am schwierigsten ist es, einen Menschen davon zu über-
zeugen, dass er das am höchsten entwickelte Wesen der
gesamten Schöpfung und dazu fähig ist,
eine glorreiche Persönlichkeit zu werden –
ein wunderschöner, friedvoller Engel.

The most difficult part is to convince a human being that in
the entire creation, he is the most highly evolved being,
that he is capable of becoming a glorious personality,
a beautiful, peaceful angel.

Shree Mataji Nirmala Devi[1]

… jenem, der *shunya* und jenseits davon ist …

… to the one who is *shunya* & beyond …

Angelos Ashes

---

[1] Meta Modern Era (Pune, India: Vishwa Nirmala Dharma, 1996)

Lieder eines Sattvischen Engels

Songs from a Satvic Angel

zweisprachige Originalausgabe

von

Angelos Ashes

© 2015

aus dem Englischen übertragen

von

Uwe David
© 2015

Titel der australischen Originalausgabe

Songs from a Satvic Angel

Bibliografische Information der Deutschen Nationalbibliothek

Die Deutsche Nationalbibliothek verzeichnet diese Publikation in der Deutschen Nationalbibliografie. Detaillierte bibliografische Daten sind im Internet über http://dnb.d-nb.de abrufbar.

Umschlagbilder und Bilder im Text

Samuel Talbot-Dunn
© 2015

Umschlaggestaltung

Uwe David
© 2015

Deutsche Übertragung und Textlayout
der deutsch-englischen Ausgabe

Lieder eines sattvischen Engels – Songs from a Satvic Angel
– zweisprachige Originalausgabe
© 2015 Uwe David
E-Mail: uwedavid@gmail.com
Internet: http://sattvischerengel.jimdo.com/

Herstellung und Verlag
BoD - Books on Demand, Norderstedt

ISBN
9-783-7392-1155-8

Danksagung zur Originalausgabe

Bei meinem Sohn, Sam, möchte ich mich für die Bilder be-
danken.
Elle, vielen Dank für Deine Energie und Dein Feedback.
John N. und John P. – vielen Dank für Eure Ermutigung.
Ich danke Dir, Uwe, herzlich für Deine Arbeit.

Acknowledgements of original edition

I would like to thank my son, Sam, for the paintings.
Elle, thanks for your energy & feedback.
To John N. & John P., thank you for your encouragement.
Thanks to Uwe for your work from the heart.

Angelos Ashes, 2015

Danksagung und Anmerkung des Übersetzers

Für diese erste, deutsch-englische Ausgabe danke ich Shri Mataji Nirmala Devi für Ihre Inspiration und Kraft, das Projekt zu realisieren und damit hoffentlich viele ebenfalls dazu anzuregen, sich auf den großen Pfad zu begeben, ein wahrer, engelsgleicher, ein sattvischer Mensch zu werden.

Dem Dichter selbst danke ich dafür, uns mit diesem Werk an seinen bewegenden Eindrücken teilhaben zu lassen. Viele Stationen auf seiner Reise zum großen Ziel lassen sich wahrscheinlich gut von Menschen nachvollziehen, die wie er selbst beginnen, im Innern ihrer Seele nach befriedigenden Antworten zu suchen.

Nicht nur die Worte zu übersetzen, sondern auch das Buch insgesamt zu gestalten, hat mir viel Freude bereitet.

Susan Sutcliffe bin ich dankbar, dass sie mich mit dieser Arbeit bekannt gemacht und bei der Übersetzung unterstützt hat.

Toni Grabmayer danke ich für das Korrekturlesen, seine Anmerkungen und Vorschläge.

Natürlich bedanke ich mich darüber hinaus auch bei Ulli, Sandra, Nelson und allen anderen, die das Projekt mit ihrer Zeit und ihrem Wissen unterstützt haben, auch wenn sie hier nicht namentlich erwähnt werden.

Die Absicht dieser zweisprachigen Ausgabe ist es hauptsächlich, deutschen Lesern die lyrische Prosa Angelos Ashes' adaptiert an ihre Muttersprache vorzustellen. Gleichzeitig sollen auch englischkundige Leser die Möglichkeit haben, die Lieder im Original zu schätzen.

Uwe David, 2015

Acknowledgement and comment of translator

For this first, German-English edition I am indebted to Shree Mataji Nirmala Devi for Her inspiration and energy to realize the project – hopefully thereby encouraging many more to set their feet on the great path of becoming a true, angelic, a satvic human being.

The poet himself I like to thank for sharing with us his moving impressions through this work. Many stations at his journey to the great designation people may probably relive very well, who, like himself, start looking for satisfying replies within their own souls.

Not only translating the words, however creating the book's overall design was a continuous source of joy for me.

To Susan Sutcliffe I am grateful for introducing this work to me and for her support.

Toni Grabmayer I give thanks for his proof reading, comments, and suggestions.

Of course, I like to thank Ulli, Sandra, Nelson, and all who supported the project with their time and knowledge, even if their names are not especially mentioned here.

Mainly, the two-language edition intends introducing Angelos Ashes' lyrical prose to German readers adapted to their mother tongue. Simultaneously, English-speaking readers too should have the occasion to appreciate the songs in the original.

Uwe David, 2015

Inhalt // Contents

Childhood

ℭ

Kindheit

&

♌

the child sat under the greenwood tree
piping his tune so clear

    calling to the spirits that wandered
        beset by worldly care
    as the forms of material device
    seized at them & laid them low
    & cast a pall across their brow

but the child played them all
into that grove suddenly they found themselves
awakened as if in a dream
to coolness & balm unseen

    & lightness filled the air
    & sweetness as soft as honeyed nectar
    filled all their senses
    & made them swoon in relief & joy
    to find so lovely a love was there

how was this all lost to us, they cried
that we have never told untruth or lied?
yet suffer we the good of heart

& now no more our burdens hold us down
we are released & see
this child by his music has sung our song
& brought us home at last!

Im grünen Wald saß das Kind unter dem Baum
und pfiff sein Lied so klar

rief die wandernden und sorgengeplagten Seelen
als materielle Formen nach ihnen griffen
sie niederwarfen und ein Leichentuch
über ihre Gesichter breitete

Mit seinem Spiel
lockte es sie alle in das Wäldchen
und plötzlich fanden sie sich
wie aus einem Traum in verborgener Kühle und
unbemerktem Balsam erwacht wieder

Leichtigkeit erfüllte die Luft und Anmut weich wie
honigsüßer Nektar durchdrang all ihre Sinne
verzückte sie erleichtert und voller Freude
dort eine so wunderbare Liebe zu finden

Wie konnten wir das alles verlieren weinten sie
obwohl wir nie
unwahr geredet oder gelogen haben?
Dennoch leiden wir die Gutherzigen

Doch jetzt müssen wir keine Bürden mehr tragen
sind erlöst und sehen
Dieses Kind hat unser Lied gespielt
und uns endlich nach Hause gebracht!

⌘

i was alone in the garden
night was falling dark & alive
as i walked up those green slopes
amongst the groves of sweet olives
the cicadas broke silence then stopped again

my companions had fallen
into the arms of Morpheus

i knelt to pray
knowing what was to come
i wanted it to be something else

beads of sweat fell
from my anguished brow like blood

you are pure spirit
i remembered the words of my mother
there will be no more suffering
peace descended upon me

then my friend came &
kissed me into the night

Ich war alleine im Garten
Dunkel und lebendig brach die Nacht herein
als ich jene grünen Hänge hinauflief
inmitten der Haine aus süßen Oliven
Die Zikaden brachen das Schweigen
wurden wieder still

Meine Begleiter waren
in Morpheus Arme gefallen

Ich kniete nieder um zu beten
wusste was kommen würde
und wollte es wäre etwas anderes

Wie Blut tropften die Schweißperlen
von meiner gequälten Stirn

Du bist reiner Geist
erinnerte ich mich an die Worte meiner Mutter
Es wird kein Leiden mehr geben
Frieden senkte sich auf mich herab

Dann kam mein Freund
und küsste mich in die Nacht

⌘

✶

today i watched a child pick up stones
& place them in a pile

they were sacred to her like gold
& her attention was complete
she was in the moment & free
absorbed
her innocence shining
so content
so pure

it made me wonder
why i bother to speak

Heute sah ich einem Mädchen zu wie es Steine
sammelte und zu einem Haufen stapelte

Heilig wie Gold waren sie für sie
Ihre Aufmerksamkeit war vollkommen
Sie war im Moment und frei
versunken
Ihre Unschuld leuchtete
so zufrieden
so rein

Ich fragte mich
warum ich es für nötig halte zu sprechen

✺

∅

sometimes i feel like dancing these days
like we did when young under the stars
but now i'm not sure what the dance will be

then it was a dance of celebration
in praise of the deep
& poignant beauty of existence
i've seen things now
things i never dreamed of

the shadow of the human soul
hanging over the earth
a pall of despair
as evil rides out in pride & light

& some days i've seen enough
surrounded on all sides
by fighting & duality & inanity
i might just get up from this slumber
& dance for death & destruction

so don't cast your values upon me
i do not live in your world
of opposites & deviations

but if you awaken me to wrath
the very mountains will not hold back

Manchmal habe ich Lust so zu tanzen wie
damals als wir jung waren unter den Sternen
Doch jetzt bin ich nicht sicher
was für ein Tanz das sein wird

Damals war es einer des Jubels zum Lob der
tiefen und ergreifenden Schönheit der Existenz
Inzwischen sah ich Dinge
von denen ich nie geträumt habe

Der Schatten der Menschenseele breitet ein
Leichentuch der Verzweiflung über die Erde
während sich das Übel
stolz und im Licht präsentiert

Manchmal habe ich genug
Umgeben von Kampf
Dualität und Geistlosigkeit könnte ich einfach
aus diesem Schlummer erwachen
und um Tod und Zerstörung tanzen

Also zwingt mir eure Werte nicht auf
Ich lebe nicht in eurer Welt
aus Gegensätzen und Ablenkung

Wenn ihr meinen Zorn erweckt
werden nicht einmal die Berge ihn aufhalten

honey eaters swing on the tall stems
of kangaroo paws

yellow slashes on their wings, dark on the head
swaying & bending
curved bill sucking & probing
into the centre for nectar

now the clouds have come over here
hanging lugubriously
a bit of rain spattering now & again on the patio
as the earth takes all
that is offered & breathes a sigh

i live like those birds i think
going from one sweet offering to another

have you ever tried it?
just blowing about & playing with other birds
trusting, really trusting, in the gentle hand of life

to hold you & bring you home

Honigesser schaukeln
auf den langen Stängeln der Kängurublumen

Gelbe Streifen auf den Flügeln
dunkel auf dem Kopf
schwanken hin und her und biegen sich
Der krumme Schnabel saugt und sucht
in der Mitte nach Nektar

Jetzt sind die Wolken da
hängen schwermütig
Ab und zu fallen
ein paar Regentropfen auf die Terrasse
Wie die Erde alles aufnimmt
was geboten wird und einen Seufzer ausstößt

Ich glaube ich lebe wie diese Vögel
von einem süßen Angebot zum nächsten

Hast du das jemals versucht?
Nur herumzufliegen
und mit anderen Vögeln zu spielen
Zu vertrauen
wirklich auf die sanfte Hand des Lebens
zu vertrauen
dass sie dich hält und nach Hause bringt

*

i am in this body sitting upon the sand
the sun warming my legs as the breeze passes
the pores of my skin respond like tiny mouths
sucking in the light & oxygen as i look out to sea

i breathe the salt air & it penetrates
down inside to my solar plexus
fills the vessels of my system

through these eyes i see the heavens blue
& these ears listen to the susurrating trees
this tongue tastes the air like a lizard sensing
this nose quivers at the scent of coastal blossom
& bees land upon these legs briefly

i am not doing a thing here except being alive
this is what makes the gods jealous
for all their fine ideals they crave this
being
just like me
alive
in flesh
with senses

this is something really special
this life
so hard to let go of once you have a taste for it

✳

Ich sitze im Sand in diesem Körper
Die Sonne wärmt meine Beine eine Brise weht
Wie winzige Münder reagieren die Poren meiner
Haut und saugen das Licht und den Sauerstoff ein
während ich hinaus aufs Meer blicke

Ich atme die salzige Luft und sie dringt
hinunter in mein Sonnengeflecht
füllt die Gefäße meines Systems

Mit diesen Augen erblicke ich
das Blau des Himmels
Und diese Ohren hören das Flüstern der Bäume
Wie eine Eidechse schmeckt diese Zunge die Luft
Und diese Nase erzittert
beim Duft der blühenden Küste
Bienen landen kurz auf diesen Beinen

Außer lebendig zu sein tue ich hier gar nichts
Das macht die Götter eifersüchtig
Trotz all ihrer hohen Ideale
sehnen sie sich danach so zu sein
wie ich
lebendig
fleischlich
sinnlich

Dieses Leben
ist wirklich etwas Besonderes
So schwer es gehen zu lassen
sobald man Geschmack daran gefunden hat

Constraint

Einschränkung

i will hand you a luminous thread to ascend
it spins itself above thy children
from the tears of grief & joy

the playful emanation eternal
floating on the axis not caught in fine nets
or those clear streams from whence we drink in
thirst

the cold mountain waters
catch glimpses of fair human form
a deity of flesh
an idol forlorn in vanity
we are falling to embrace pure illusion

from this one face of perfect humble mask
like trance
this righteous preacher overpower'd
little droplets run down to join again
away from individuation

& this control of divine sweetness
turns the dark & sour blood upon the lake

Um aufzusteigen reiche ich dir einen leuchtenden
Faden der sich von selbst über deinen Kindern aus
den Tränen des Kummers und der Heiterkeit spinnt

Die spielerische ewige Emanation gleitet auf der
Achse dahin und verfängt sich nicht in feinen
Netzen oder in jenen klaren Bächen aus denen wir
unseren Durst stillen

Kalte Bergwasser fangen flüchtige Eindrücke
holder menschlicher Gestalt ein
eine Gottheit aus Fleisch
einen in Eitelkeit verlorenen Götzen
Wir umarmen reine Illusion

Wie in Trance wurde der gerechte Priester von
diesem einen Gesicht perfekt-bescheidener Maske
überwältigt
Kleine Tröpfchen rinnen herab um weg von der
Vereinzelung wieder zusammenzufließen

Und diese Kontrolle göttlicher Anmut
wendet dunkles und saures Blut gegen den See

ᛟ

ℒ

i can fragment the seasons of light & darkness
disown the form & formless
weave dissonance into the mind
turn social mores into vapid cells
refute the idolatry of possessions
undo the patterns of genetic prediction
grow flowers in the dust
& fruit upon the branches of a man

but i can only ask for your love

Jahreszeiten licht und dunkel kann ich unterteilen
mich von Form und Formlosem distanzieren
Unstimmigkeiten ins Denken weben
Gebräuche in geistloses Getue verwandeln
Götzendienst am Besitz anfechten
genetische Vorherbestimmung aufheben
Blumen im Staub wachsen lassen
und Früchte auf den Zweigen eines Menschen

Doch um deine Liebe kann ich nur bitten

the winds come in from every direction
there is no respite for the good or the evil

you are all going down in the judgement
when you keep looking out & seeing another

& the ground keeps moving & the axis slides
& the weeping & wailing never abides
you are all going down in the dress of the light
where the angels & demons are locked out in flight

there are no winners in this land of illusion
whether proud or humble or rich or poor
when you still see the other & argue the point
down in the whirlpool your soul must go

the kingdom is open but the door is so small
you have to be nothing to get there at all
or you will all go down
whether pure or unclean
if you still see the other behind your closed eyes

i am no prophet & this is perception
you can know what you wish in all freedom
just know what you are in all freedom

Ø

Ø

Aus allen Richtungen wehen die Winde
Weder für die Guten noch die Bösen
gibt es eine Atempause

Alle werdet ihr gerichtet
sofern ihr weiter Ausschau haltet und einander seht

Der Boden bewegt sich weiter und die Achse gleitet
Das Weinen und Klagen verharrt nie an einem Ort
In Licht gekleidet steigt ihr alle hinab
wo Engel und Dämonen nicht fliegen dürfen

In diesem Land der Illusion gibt es keine Sieger
Ob stolz bescheiden oder reich oder schwach
falls ihr immer noch einander seht und diskutiert
muss eure Seele in den Strudel hinab

Das Königreich steht offen doch die Tür ist so klein
Leer müsst ihr sein sie überhaupt zu erreichen
oder ihr steigt alle hinab
ob rein oder unrein
sofern ihr hinter geschlossenen Augen
immer noch den anderen seht

Ich bin kein Prophet und das ist Wahrnehmung
Ihr seid frei zu wissen was immer ihr wollt
Doch in aller Freiheit erkennt das was ihr seid

ଚ

the wise men said i was speaking against the lord
i said *no, i speak only against corruption*

then you are accusing us they said
but i asked them why they always craved riches
we have to live they said
but i live & have nothing

they knew i spoke of spirit wealth
& they did not want to be exposed
so they persecuted me

but i never die
whilst they only judge

Die Weisen sagten ich redete gegen den Herrn
Nein sagte ich *ich rede nur gegen Korruption*

Dann klagst du uns an sagten sie
Doch ich fragte
warum sie immer um Reichtümer baten
Wir müssen leben sagten sie
Doch ich lebe und ich habe nichts

Sie wussten
dass ich von geistigem Reichtum sprach
Sie wollten nicht bloßgestellt werden
Deshalb verfolgten sie mich

Doch während sie nur urteilen
sterbe ich nie

CR

cs

they laid me up on the marble slab under those metal lights
my viscera in a bowl pinioned there from flight

& through the watchful night i walked with the lost & torn
across the industrial landscape
of my black & white childhood
into the clouds of england's histories bloody & forlorn
across the battle fields of london's broken heart
where none could leave victorian stone behind
& the empty rooms of empire's doom

reading through the literary canon of my own dead
& seeing vague outlines of those gone
on the heath where striding in my youth
under ancient skies
blue eyes
syncopated lies

i began to awaken from the womb
the opiated swoon upon the hills of light
cruxifiction on the dole the children weeping
the buttered bread & tea of equality

i've only know this way
that is why i still love the lost
because they loved me when i was on the cross

Sie legten mich
auf die Marmorplatte unter diese Metalllampen
meine Eingeweide in einer Schüssel
gefesselt an der Flucht gehindert

Mit den Verlorenen und Zerrissenen lief ich
durch die wachsame Nacht und die Industrielandschaft
meiner schwarz-weißen Kindheit
hinein in die Wolken aus Englands Geschichten
blutig und verlassen
über die Schlachtfelder aus Londons zerbrochenem Herzen
wo niemand Viktorias Mauern hinter sich lassen konnte
und die leeren Räume des Reiches Untergang

Lese den literarischen Kanon meiner Toten
und sehe undeutliche Silhouetten derer die gegangen sind
auf dem Lande wo ich in meiner Jugend schritt
unter uralten Himmeln
blaue Augen
synkopierte Lügen

Begann aus dem Schoß zu erwachen
opiatisierte Verzückung auf Hügeln des Lichts
gekreuzigt vom Arbeitslosengeld die Kinder weinen
Butterbrot und Tee der Gleichheit

Habe nur diesen Weg gekannt
und liebe deshalb die Verlorenen immer noch
weil sie mich liebten als ich am Kreuz hing

so

ø

today the ocean swells & releases
silver fish flash near the surface

& black & white shags dive
the sun sits in a cold blue autumn sky

i cannot exist since i am so small

but some days i feel i am everything

some days like today
i see the divine in every living thing

& wonder where on this earth is my home

∅

Heute schwillt der Ozean und gibt blinkenden
silbernen Fisch an der Oberfläche frei

Schwarz-weiße Kormorane tauchen
Die Sonne sitzt
in einem kalten blauen Herbsthimmel

Weil ich so klein bin kann ich nicht existieren

Doch manchmal glaube ich dass ich alles bin

Manchmal wie heute
sehe ich das Göttliche in jedem Wesen

Und frage mich wo auf dieser Erde ich zu Hause bin

∅

i was once nothing
then i became one
until i realised the illusion of this one

then i wanted another being
this being became one & nothing

now one is beyond nothing
& it all is as it was & as it was not
& the kingdom without is the kingdom within
& nothing is won or lost

      & jerusalem is falling & rising simultaneously
                        as it must
                  one dimension
                  two dimension
           four folds & four petals

Ich war einmal nichts
dann wurde ich Einer
Bis ich die Illusion dieses Einen begriff

Dann wollte ich ein anderes Wesen sein
Dieses Wesen wurde Einer und Nichts

Jetzt ist Einer jenseits des Nichts
und es ist alles wie es war und wie es nicht war
und das Königreich außen ist das Königreich innen
und nichts ist gewonnen und nichts ist verloren

und Jerusalem fällt und erhebt sich gleichzeitig
wie es muss
eine Dimension
zwei Dimensionen
vier Falten und vier Blütenblätter

∅

ø

now they are fighting amongst themselves
tearing at ideas & parsing language

the texting of intellect
recharged by contention & dissension
the digital contortions of untruth

i want to be wrong personally
it gives me more than being
discrete & right

to be held by you
losing the edges of me
diffused by light
not being me

is how i become more
much more
so much more
than me

Jetzt bekämpfen sie sich selbst
zerreißen sich für Ideen und teilen Sprache

Der simsende Kortex des Intellekts
aufgeladen mit Streit und Uneinigkeit
die digitalen Verzerrungen der Unwahrheit

Ich möchte mich irren
Das gibt mir mehr
als eigenständig zu sein
und Recht zu haben

Von Dir gehalten zu werden
meine Kanten zu verlieren
vom Licht zerstreut
nicht ich zu sein

ist wie ich mehr werde
viel mehr
so viel mehr
als ich

once i thought i knew what fell between us
in cadences light & improvised
those words came down like small bubbles of love
fecund, meaningful, full

as we sought ways to unravel the mystery of love
the great spirit seemed
to shine upon our universe of literature
our drug was knowledge then
our mouths rattling like machine guns
syncopated jazz of plum fruit
this was our play our drama
like vocal dervishes we burned through the night
& as dawn rose biting us back to responsibility
we felt cleansed & godly
like superior beings who deigned to enter the fray
& we just kept going into the day
sustained by coffee & words

on the wall were words
new words that we looked up
added to the vocabulary buildings made of words
games of them words became everything
like breath clothing food that was the sustenance
& we sucked down books like book vampires
we ate them like silver fish the walls were covered in them
boxes of them the smell of them the love of them
new ideas new life within
those pages of print we fell in love over them
we named authors as a sign of our erudition
& quoted quotes

& then one day it ended
one day we did not know who we were, why we were
it all fell apart then
& we walked off in opposite directions
we stopped living vicariously
we became the story

Einst glaubte ich gewusst zu haben
was sich zwischen uns gestellt hat
In leichten und improvisierten Kadenzen fielen die Worte wie kleine
Luftblasen aus Liebe herab
fruchtbar bedeutend voll
Als wir Wege suchten das Mysterium der Liebe zu entwirren schien der
Große Geist unser literarisches Universum zu erleuchten
Damals war Wissen unsere Droge
Unsere Münder ratterten wie Maschinengewehre
Synkopierter Pflaumenjazz
war unser Spiel unser Drama
Wie Derwische der Worte brannten wir durch die Nacht
Und wenn der Morgen dämmerte
und uns zurück in die Verantwortung biss
fühlten wir uns gereinigt und fromm
wie überlegene Wesen die sich herabließen
sich auf die hitzige Debatte einzulassen
Getragen von Kaffee und Worten
machten wir einfach weiter in den Tag
Auf der Wand standen Worte
neue Worte die wir nachschlugen
hinzufügten zum Vokabular
Gebäude aus Worten Spiele
Worte waren ein und alles geworden
wie Atmung Kleidung Essen waren sie die Lebenskraft
Wir saugten Bücher ein wie Buchvampire
aßen sie wie silbrigen Fisch
Die Wände waren mit ihnen bedeckt
Kisten gefüllt damit
ihr Geruch ihre Liebe neue Ideen das neue Leben darin
Über diesen gedruckten Seiten haben wir uns verliebt und nannten
Autoren zum Zeichen unserer Gelehrsamkeit zitierten Zitate
Eines Tages war es vorbei
Wir wussten nicht wer wir waren und warum
Alles fiel auseinander und wir gingen
in entgegengesetzten Richtungen auseinander
hörten auf stellvertretend zu leben
und wurden die Geschichte

ॐ

when poetic consciousness returns
we will see the ugliness of these cities
where the air is like a vapour of death
& the rivers run black to the suffering sea

& the souls of our sisters are shackled
to the ghosts of matter
& our children sacrificed to the priests of disdain

when we are truly enlightened
with the gravity of our poetic soul
wherein nothing is the other
no brother is lost to us then

& the golden web shall spin
& the golden thread shall bind us all
& the air will transform to my sacred nectar
& the buildings will fill with the song of life
& all the oceans & rivers will run clear

in the poetic atmosphere

Wenn dichterisches Bewusstsein zurückkehrt
werden wir die Hässlichkeit dieser Städte sehen
in denen die Luft einem Todesdunst gleicht
und die Flüsse schwarz
zum leidenden Meer strömen

wo die Seelen unserer Schwestern an die Geister
der Materie gefesselt und unsere Kinder den Pries-
tern der Verachtung geopfert werden

Wenn wir wirklich erleuchtet sind
mit der Anziehungskraft unserer Dichterseele
in der nichts das andere ist
wird kein Bruder uns verloren sein

Und das goldene Netz soll sich spinnen
uns alle der goldene Faden binden
und die Luft wird sich
in meinen heiligen Nektar verwandeln
Die Häuser werden sich mit dem Lied des Lebens
füllen und alle Ozeane und Flüsse klar

In der dichterischen Atmosphäre

ॐ

ॐ

the dream inside

it is not death
but living on in darkness

the mountains of human evil
in every corner of this sacred earth
rouse the force of destruction
in my soul

am i to stand witness
when i wish to unleash vengeance upon it all?

make me dream the outer world
or set me against them in the mental fight

i would rather die for light
than live in this shadow of illusion

Der Traum im Innern

Es ist nicht der Tod
doch in Dunkelheit weiter zu leben

Die Berge menschlichen Übels
in jeder Ecke dieser heiligen Erde
rütteln die Kraft der Zerstörung
in meiner Seele wach

Muss ich Zeuge sein
wenn ich für all das Rache üben möchte?

Lass mich die Außenwelt träumen
oder stelle mich im geistigen Kampf gegen sie

Lieber möchte ich für das Licht sterben
als im Schatten der Illusion leben

 CR

ೞ

you can make anything on the outside
but everyone knows you have a secret heart

       & the things that run through your head
           are shadows flitting by
           neither yours nor mine
             not even mirrors
             just linear & dead

so let's not try to be rational
because the hour is late

this stone i hand you now
will a diamond prove

Oberflächlich kannst du alles machen
doch jeder weiß um dein verborgenes Herz

Die Dinge die dir durch den Kopf gehen
sind vorbeihuschende Schatten
weder deine noch meine
noch nicht einmal Spiegel
nur linear und tot

Deshalb lass uns nicht versuchen vernünftig zu sein
weil es schon spät ist

Dieser Stein den ich dir jetzt reiche
wird sich als Diamant erweisen

Transcendence

☙

Transzendenz

∞

꙳

this is a strange people my companion said
as we hovered ethereal at height
they fight against their brother
as if one were better than t'other
whilst wanting peace, wars are wrought
by division of race & creed

under wood & o'er vale
they lay claim upon earth's grace
wanting to impose a will
upon the natural wonderland

we continued watching from our domain
down upon the worldly game
tears & laughter taking turn to move
across the countenance

i looked then at my beloved
for in her eyes reflected my weariness
i cannot sustain illusion anymore i said

she smiled at me
for i was ready now

& she took me to her heart
for eternity

Das ist ein merkwürdiges Volk sagte meine
Begleiterin als wir in himmlischer Höhe schwebten
Bruder gegen Bruder
als wäre einer besser als der andere
Zwar wollen sie Frieden
doch führen sie Krieg um Rasse und Glaube

Unter Wäldern und über Täler erheben sie
Anspruch auf die Gnade der Erde und wollen dem
Zauberland der Natur einen Willen aufzwingen

Von unserem Standort aus
sahen wir weiter auf das weltliche Spiel hinab
Tränen und Gelächter bewegen
abwechselnd das Gesicht

Dann sah ich meine Liebe an denn in Ihren Augen
spiegelte sich meine Erschöpfung wider
Ich kann die Illusion nicht länger tragen sagte ich

Sie lächelte mich an denn jetzt war ich bereit

Und nahm mich auf in Ihrem Herzen
für die Ewigkeit

⚘

my kingdom belongs to no man
no discourse

it is not circumscribed
by the vanity of power or position

it runs freely amongst the sands of time
& into the hearts of those who desire love

for, in love, all is forgiven
& all is complete

this is the country from which i come
& to which i return

will you be tender to yourself & enter in?

Mein Königreich gehört keinem Menschen
keinem Diskurs

Es wird nicht begrenzt
von der Eitelkeit der Macht oder Stellung

Es bewegt sich frei unter den Sanden der Zeit
hinein in die Herzen derer
die sich nach Liebe sehnen

Denn in Liebe wird alles verziehen
und ist alles vollkommen

Das ist das Land aus dem ich komme
und in das ich zurückkehre

Wirst du liebevoll mit dir selbst umgehen
und eintreten?

᷂

✍

the people were talking
positively one way
or negatively the other

i cannot tell the difference now
for i am bird

i soar so far into the stratosphere
i survey the earth
ants scurry about
but i am silent & unseen

if gravity takes me
i just fall into a blue ocean
& go down
down down down

Die Leute redeten
Dafür
Dagegen

Den Unterschied weiß ich jetzt nicht
Weil ich Vogel bin

steige so weit in die Stratosphäre auf
überblicke die Erde
Ameisen hasten vorüber
Doch ich bin still und ungesehen

Wenn die Schwerkraft mich nimmt
falle ich einfach in einen blauen Ozean
hinunter
hinunter hinunter hinunter

ৎ

&

i am light
from dark reaches i seep unseen
until the halls of mind are infused with radiance

& your fingers run out in threads
& stream across this burgeoning universe
making everything grow

Ich bin Licht
Aus der Dunkelheit sickere ich ungesehen
bis die Säle des Gemüts
vom Glanz durchdrungen sind

bis deine Finger in Fäden auslaufen
und über dieses knospende Weltall strömen
um alles wachsen zu lassen

✄

the tissue of the universe
torn & ragged
frayed & broken
tatterdemalion

head in the vapours
gauche maiden show
shadows & etiquette
clown before the king

rent the cloth, this veil

one grace moment
joy found me

Das Gewebe des Universums
zerrissen und zerlumpt
abgenutzt und zerbrochen
heruntergekommen

Kopf in Schwermut
linkische Jungfernschau
Schatten und Etikette
Clown vor dem König

Leih dir den Stoff diesen Schleier

Einen Moment der Gnade
Freude fand mich

⚕

oblivion

when you want to be extinguished by service
& are ready to leave the frail identity of your
human persona
as an offering to the gods
& leave the spoils of all your endeavours
behind you

then you will be nothing to anyone

& then from the emptiness
when you are nothing
even unto yourself
there arises a vision of life
beyond imagination

Vergessenheit

Wenn du vom Dienst an Gott und den Menschen
ausgelöscht werden möchtest und bereit bist
die zerbrechliche Identität
deiner menschlichen Fassade aufzugeben
als Opfer für die Götter
und die Früchte all deiner Anstrengungen
hinter dir lässt

wirst du für alle nichts sein

Dann aus der Leere
wenn du nichts bist
selbst für dich selbst
steigt eine Vision des Lebens auf
jenseits der Vorstellung

᧔

ø

fragments

thought forms
prisms of subjective experience

this limited shadow this darkness
these eyes will rot

yet i will see
inner sounds
music from the verse
my body
perfume this earth
emanate the holy secret

movie maker
flicker on the screen

here where we think we are
just the beginning

open the door with the key

Bruchstücke

Der Gedanke formt
Prismen subjektiver Erfahrung

Dieser begrenzte Schatten diese Dunkelheit
diese Augen werden verrotten

Doch ich werde
innere Klänge sehen
vertonte Verse
Mein Körper
parfümiere diese Erde
ströme das heilige Geheimnis aus

Filmemacher
Flimmern auf dem Schirm

Hier wo wir glauben dass wir sind
gerade am Anfang

Öffne die Tür mit dem Schlüssel

∅

cast the first stone
dharma or self-righteousness

love unfettered from thought
art from artifice

the golden web runs between us
pick the thread
spin it
till your heart breaks
to be born again

Wirf den ersten Stein
Dharma oder Selbstgerechtigkeit

Liebe ungehindert von Gedanken
Kunst ohne Kunstgriff

Das goldene Netz arbeitet zwischen uns
Nimm den Faden
spinne ihn
bis dein Herz bricht
um wiedergeboren zu werden

ଔ

i am spirit brother
i am the wind

the three worlds could not hold me

i came for you
when in need

i will be there always
you are my family

spirit brother sings now
he rejoices in you

Ich bin Geist Bruder
Ich bin der Wind

Die drei Welten
könnten mich nicht halten

Ich bin für dich gekommen
in der Not
und werde immer da sein
Du bist meine Familie

Jetzt singt der Geist Bruder
jubelt in dir

∞

ଐ

the vast ocean that lies
between knowing & becoming
that is the journey i love to make
i know i'm travelling

                              but when i'm there
                                    i'm a sun
                                 a sun is one
                                shining only

Der riesige Ozean
der zwischen Wissen und Werden liegt
das ist die Reise die ich gerne mache
Ich weiß dass ich reise

Doch wenn ich dort bin
bin ich eine Sonne
Eine Sonne ist eins
Leuchtet nur

did I wake today from last night's sleep?
did I peel the ocean from these eyes
& see you before me
dressed in garlands of joy?

i did not gain you, my beloved
you revealed yourself to me!
what chance! what blessings!
how could it be?
how did i get this great gift?
i cannot fathom these workings
these diamonds have landed in my lap
i cannot know why
out of billions
i have been blessed with the vision of your kingdom
& the myriad layers of perfection
& beauty to enjoy
i am surely not worthy of it
but it has come to me
& I am not special
how could I ever want anything else
knowing, as I do, what I have?
forgive me in my weakness
when I still reach for something lower
this is the odd thing about me

i am just going to focus
on gratitude now
& all those who try to crawl away
from gravity towards you
& my dear friends
who haven't seen you yet
amen

Erwachte ich heute
aus dem Schlaf der letzten Nacht?
Schälte den Ozean von diesen Augen
und sehe Dich vor mir
gekleidet in Girlanden aus Freude?

Dich meine Liebe habe ich nicht gewonnen
Du hast Dich mir offenbart!
Was für ein Glück! Welch ein Segen!
Wie konnte dies geschehen?
Warum erhielt ich dieses große Geschenk?
Ich kann dieses Wirken nicht begreifen
Diese Diamanten fielen mir in den Schoß
und ich weiß nicht warum
Als einer von Milliarden
wurde ich mit der Vision Deines Königreichs gesegnet
um die unzähligen Schichten
der Vollkommenheit und Schönheit zu genießen
Sicher bin ich Dessen nicht würdig
doch Es ist zu mir gekommen
und ich bin nichts Besonderes
Wie konnte ich jemals etwas anderes wollen
im sicheren Wissen was ich habe?
Verzeih mir meine Schwäche
wenn ich immer noch nach Niedrigerem greife
Das ist das Seltsame an mir

❧

Jetzt bin ich dabei
mich auf Dankbarkeit zu konzentrieren
und all jene die versuchen
aus der Schwere zu Dir zu kriechen
und auf meine lieben Freunde
die Dich noch nicht gesehen haben
Amen

⅋

red petals lay upon the water
common sparrow in the sand
dreams of past & future
upon her fecund band

to taste the juice of spirit
from this given heart
to fly as was intended
before the lovers part

how little can this seed refrain
from spurting forth in joy

though in the burning rain
false hopes do lie destroy

take me back on thy pure gown
succour me with thy hand

i've never seen a face so fair
beyond this human land

Auf dem Wasser rote Blüten
gemeiner Spatz im Sand
Vergangenheits- und Zukunftsmythen
auf ihrem grünen Band

Am Saft des Geistes sich zu laben
aus gegebnem Herzen
zu fliegen wie gedacht erhaben
bevor die Liebenden sich trennten

Wie wenig doch kann diesen Samen
hindern froh voranzustreben

Obgleich enttäuschte Hoffnungen begraben
liegen ganz im brennend Regen

Lass wieder Teil mich Deiner Robe sein
und steh mir bei mit Deiner Hand

Denn ein Gesicht so hold wie Dein
sah nie ich überm Menschenland

❧

⁊

this pale shadow
that you try to make meaning of with words
is fading faster than thy thoughts of good & evil

beneath your feet she is moving
in the air she is flying
fast away from the coarseness & triviality

into the ether
away from salt
into the realms of light & purity
from whence i come

i have begun & built the first step
as solid as the folds of innocence within

please follow at your will
& leave this pallid womb

Dieser blasse Schatten dem du versuchst mit
Worten Bedeutung zu geben verwelkt schneller als
deine guten und schlechten Gedanken

Sie bewegt sich unter deinen Füßen
und fliegt in der Luft
schnell fort von Grobheit und Bedeutungslosigkeit

In den Äther
weg vom Salz
in das Reich des Lichts und der Reinheit
aus dem ich komme

Ich begann und baute die erste Stufe
so fest wie die Falten der Unschuld im Innern

        Bitte folge nach deinem Willen
        und verlasse diesen bleichen Schoß